CORINNA ANTELMANN, geboren 1969 in Bremen, lebt seit 2006 in Oberösterreich. Sie studierte Literatur und Film an der Universität Hildesheim und arbeitet nach Anstellungen in der Theaterwerkstatt Hannover und der Trickompany Hamburg als freie Autorin, Dramaturgin und Dozentin. Sie veröffentlichte Romane, Theaterstücke, Essays und erhielt zahlreiche Stipendien und Preise für ihr literarisches Werk. „Jon und die vierte Zimtschnecke" ist ihr erstes Bilderbuch im Mixtvision Verlag.

THAIS MESQUITA wurde 1989 in Brasilien geboren und lebt seit mehreren Jahren in Deutschland. Sie studierte Freie Kunst in ihrer Heimat sowie Medienkunst und Gestaltung an der Bauhaus-Universität Weimar und arbeitet seit 2011 als freischaffende Illustratorin, Designerin und 2D Künstlerin. Sie experimentiert gerne mit unterschiedlichen Materialien, Texturen und Stilrichtungen, um überraschende Ergebnisse zu erreichen. „Jon und die vierte Zimtschnecke" ist ihr erstes Bilderbuch im Mixtvision Verlag.

Für Claudia (C. A.)

Für meine geliebten Eltern (T. M.)

@Mixtvision Verlag, 2022,
Leopoldstraße 25, 8082 München
www.mixtvision.de
Alle Rechte vorbehalten.
Grafik und Gestaltung: Veronika Preisler
Druck und Bindung:
Grafisches Centrum Cuno, Calbe

FSC
www.fsc.org
MIX
Papier aus verantwortungsvollen Quellen
FSC® C043106

ISBN: 978-3-95854-179-5

Corinna Antelmann • Thais Mesquita

Jon und die vierte Zimtschnecke

MIXTVISION
Weiter. Erzählen.

Wenn es etwas auf der Welt gab, das Jon am allerliebsten mochte,
dann waren es Zimtschnecken.
Gezwirbelte, zimtzuckrige Teilchen vom Bäcker nebenan.
Und jeden Sonntag, bevor sich seine Eltern an den Frühstückstisch
setzten, lief er los und kaufte drei Zimtschnecken.
Eine für Mama, eine für Papa und eine für sich.
Klar.

Dann, während einer heißen Sommernacht, wurde Jule geboren.
Seine kleine, stupsnasige, zuckersüße Schwester, wie alle sagten.
Na ja.
Jon lief los und kaufte an diesem Morgen vier Zimtschnecken.
Eine für Mama, eine für Papa, eine für sich.
Und eine für Jule.
Klar.

Als er nach Hause kam, lachten Mama und Papa.
Sie sagten: „Aber Jon, deine kleine Schwester kann doch
keine Zimtschnecken essen. Womit soll sie beißen?"
Und sie hatten recht, denn Jule hatte noch nicht einen Zahn;
so klein war sie.
Das Lachen der Eltern hatte nicht böse geklungen, aber gründlich.
Deshalb lief Jon hinaus in den Garten.
Nachdenken.

In der rechten Hand eine Zimtschnecke, in der linken Hand eine Zimtschnecke und einen gezwirbelten, zuckrigen Knoten im Gehirn, lehnte Jon sich an den Stamm des einzigen Baums, den es auf ihrem Grundstück gab.

Er überlegte, was mit der vierten Zimtschnecke geschehen solle.

„Wer soll die essen?", fragte er.

„Gib sie mir", sagte der Baum.

„Bitte was?", fragte Jon.

Heute war ein komischer Tag.

„Seit wann können Bäume sprechen?", murmelte er.
„Das konnten Bäume schon immer", hörte er die Stimme in seinem
Rücken, „nur hört ihnen keiner zu. Und wenn es etwas auf der Welt
gibt, das ich am allerliebsten mag, dann sind es Zimtschnecken."
Klar.

Jon wandte sich um und sah zu dem Baum hinauf.
„Seit wann können Bäume essen?", fragte er. „Und wie willst du
abbeißen, du hast nicht einmal einen Mund."
„Steck sie mir zwischen die Blätter!"
Und Jon schob die klebrige Zimtschnecke in seiner rechten Hand
zwischen die Blätter des sprechenden Baums, der sie mit einem
Happs verschluckte.
Bitte was?

Genau genommen hatte die Zimtschnecke für Jule sein sollen,
dachte Jon, aber was soll's.
Sie ist zu klein.
Der Baum gab ein zufriedenes Grunzen von sich.
Seit wann können Bäume grunzen?
„Verdammt gut", sagte der Baum. „Denk mal wieder an mich, ja?"
Klar.

Am nächsten Sonntag lief Jon wieder zum Bäcker.
Und wieder kaufte er vier Zimtschnecken: eine für Mama, eine für
Papa, eine für sich selbst und eine für …
Als sein Vater die Stirn runzelte, und bevor die Mutter sagen konnte:
„Aber Jon, du weißt doch: Jule ist so klein!", da war er bereits in den
Garten gelaufen.
Und er schob dem Baum das vierte Teilchen zwischen die Äste.
Was soll's.

Von nun an ließ sich Jon von niemandem abhalten, zum Bäcker
zu laufen und vier Zimtschnecken zu kaufen, wann immer er wollte.
Und immer ging er anschließend in den Garten und fütterte den Baum.
Wann immer Mama mit Jule beschäftigt war.
Wann immer Papa mit Jule beschäftigt war.
Wann immer er sich einsam fühlte.
Oft.

Sie saßen ständig zusammen und wurden gute Freunde, der
Baum und Jon.
Es gab eben nicht viele Bäume, die sprechen konnten und
Zimtschnecken liebten.
Und es gab nicht viele Jungen, die bereit waren, einem Baum
etwas vom Bäcker zu holen.
„Pass auf", sagte der Baum, „was im Frühjahr geschehen wird."
„Klar doch!"

Der Sommer ging vorbei, und Jule wuchs heran.
Sie hatte schon sechs Zähnchen: zwei unten und vier oben.
Und manchmal konnte sie ziemlich süß sein.
Zimtschneckensüß.
Aber dann ... Oh, Mann!
Und Jon verzog sich in den Garten, um ihrem Geschrei
zu entkommen.
Oft.

Jon lief in den Garten und sah, wie die Blätter fielen.

Er lief in den Garten und sah, wie die Zweige mit Schnee bedeckt wurden.

Er lief in den Garten, und die Knospen sprossen allmählich hervor.

Aus den Knospen wurden Blüten, und aus den Blüten ...

Aber nein, nein, das gibt's nicht, seit wann ...?

Eines Sonntagvormittags wurden aus den Blüten Zimtschnecken.

Bitte was?

Das gibt's nicht, dachte Jon, obwohl er sich doch bereits an ziemlich vieles gewöhnt hatte.

An kreischende Schwestern zum Beispiel.

An den stinkenden Windel-Popo, der sich durch sein Kinderzimmer bewegte.

Er lief ins Haus und berichtete, was geschehen war.

Von Zimtschnecken im Frühjahr.

„Bitte was?"

„Das gibt es doch nicht!", sagten Jons und Jules Eltern, liefen in
den Garten und richteten ihre Augen statt auf Jule auf den Baum.
Der Mund klappte ihnen auf, sodass Jon zuckerige Zimtstreusel
zwischen ihren Zähnen hängen sehen konnte.
Jule torkelte ihnen mit tapsigen Schritten hinterher, zeigte auf
die Zimtschnecke, gab unbekannte Worte von sich und stolperte
über ihre Zehen.
Mit der Nase nach vorn.

Mama pflückte eine Zimtschnecke, und Papa pflückte eine Zimtschnecke.
Und Jon sowieso.
Sie schmeckten ziemlich lecker.
„Ich habe es ja gesagt", sagte der Baum zu Jon und hörte sich stolz an.
Jon nickte, pflückte eine vierte Zimtschnecke und schob ein Stückchen davon in Jules Mund, und sie strahlte trotz der aufgeschürften Nasenspitze.
Klar, dachte Jon, sie ist meine Schwester.

Und er fühlte, wie stolz auch er war.